Pour les enfants
de Southampton – S. A. H.
Pour Francesco – S. F.

Titre original de cet ouvrage : *Babushka*
© texte 2002 Sandra Ann Horn
© illustrations 2002 Sophie Fatus
© 2002, Barefoot Books, Ltd, Grande-Bretagne, pour l'édition originale
© Hatier, Paris, 2003 pour la traduction et l'adaptation en langue française.

ISBN : 2.218.75430.4
Dépôt légal : août 2003
Tous droits de reproduction, de traduction et d'adaptation
réservés pour tous pays, loi n° 49956 du 16 juillet 1949
sur les publications destinées à la jeunesse

1 3 5 7 9 8 6 4 2
Imprimé en Chine

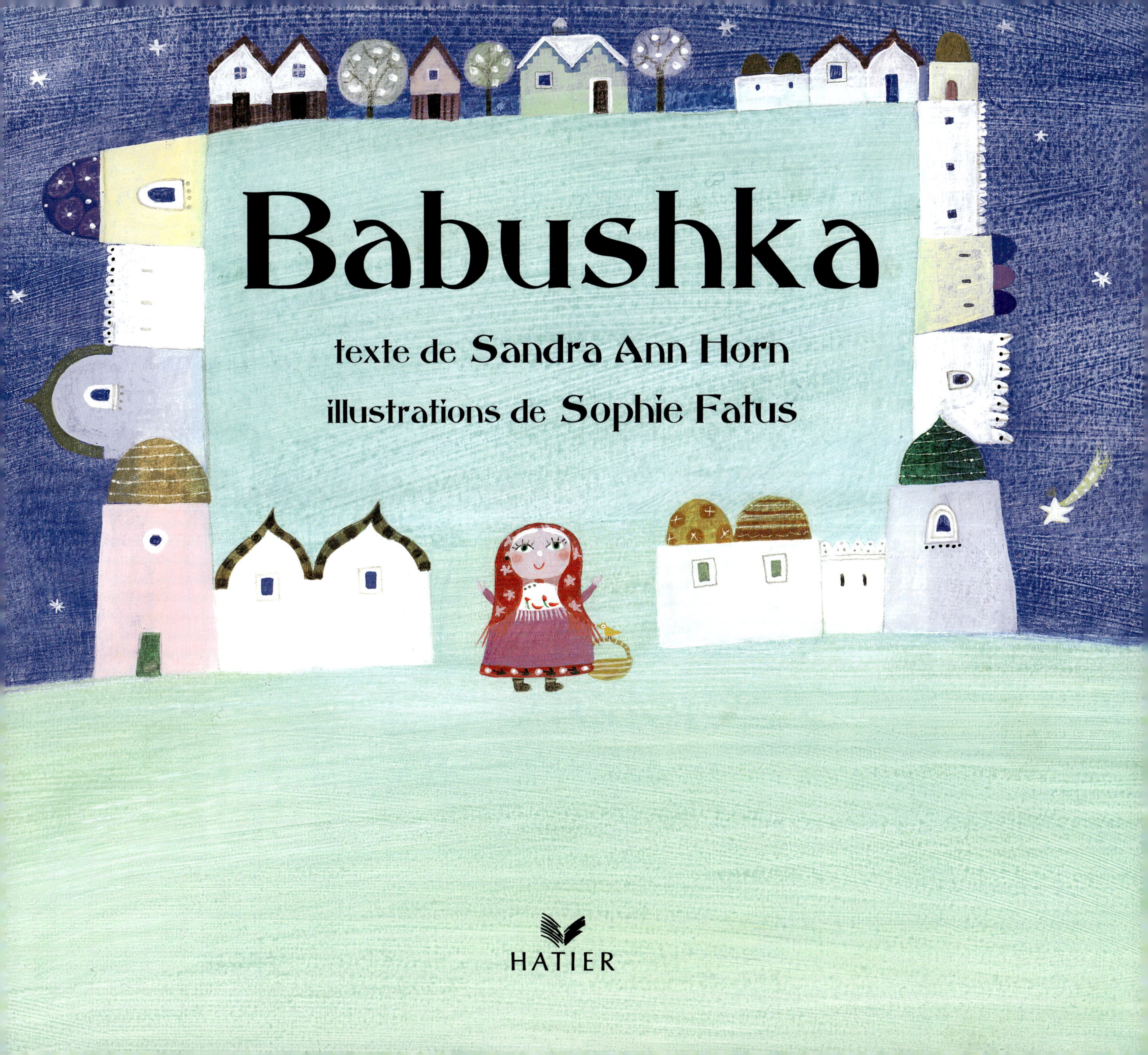

Babushka

texte de Sandra Ann Horn

illustrations de Sophie Fatus

Il y a très longtemps, dans un lointain pays, vivait une petite vieille dame. Elle était aussi ronde et tendre qu'une bonne brioche bien chaude...
Toute la journée, elle époussetait, nettoyait, polissait, et cela, du lever au coucher du soleil.

Pas le moindre grain de poussière, ni la plus petite toile d'araignée dans toute sa maison. Elle restait ainsi occupée toute la journée pour ne pas trop penser à la place vide qu'elle avait dans son cœur et qui la rendait tellement triste.

Un soir, Babushka astiquait son bougeoir, quand une nouvelle étoile très brillante apparut à travers la vitre.

« Oh ! Il y a une trace sur mon carreau ! s'écria Babushka. Je ne l'avais pas remarquée. Quelle catastrophe ! »

Babushka nettoya aussitôt sa fenêtre. En regardant dehors, elle vit dans le jardin un ange qui lui lança gaiement : « J'ai une bonne nouvelle ! »

« Essuyez vos pieds si vous voulez entrer », gronda Babushka.
Mais l'ange s'envola au loin et continua son chemin.

On sonna à la porte. Il y avait là trois rois avec leur couronne dorée.

« Entrez, entrez, Majestés, dit Babushka, mais, s'il vous plaît, veuillez ôter vos royaux souliers.

– Nous avons suivi l'étoile, lui dirent les rois, pour rencontrer le nouveau bébé-roi. Voulez-vous venir avec nous ?

– Je n'ai vraiment pas le temps de voyager, répondit Babushka. Qui va s'occuper du ménage ? »

Trois dromadaires attendaient dans le jardin. « Oh ! Des pattes poussiéreuses dans ma belle allée toute propre ! Allez vous-en ! » dit Babushka en secouant son chiffon. Les dromadaires, pris de peur, s'enfuirent, et les rois se précipitèrent derrière eux pour les rattraper.

« Je vais juste me reposer un instant, se dit Babushka en soupirant, puis je nettoierai la cage des canaris. » Mais bien vite sa tête dodelina et elle s'endormit.

L'ange revint et lui chantonna à l'oreille une histoire invraisemblable de bébé né dans une étable, avec juste un bout de tissu autour de lui.

L'étoile surgit alors à nouveau de derrière un nuage et éclaira le visage de Babushka. Celle-ci se réveilla.
« Mon Dieu ! se dit-elle, un bébé dans une étable poussiéreuse, au milieu des animaux ? Sans couverture pour lui tenir chaud ? Je dois faire quelque chose ! »

Elle mit dans un panier une petite poupée clown, une couverture moelleuse et une bouteille de bon lait chaud, et elle quitta sa maison. L'étoile éclairait le ciel comme en plein jour et de nombreux anges volaient dans le ciel, mais Babushka ne les vit même pas.
« Toute cette poussière sur le chemin, c'est une honte », bougonna-t-elle.

Babushka n'était pas encore bien loin quand elle rencontra une femme et sa petite fille sur le côté de la route. La petite fille pleurait.
« Que se passe-t-il ? demanda Babushka.
– Nous sommes parties en courant pour rencontrer le nouveau roi et elle a perdu sa poupée, expliqua la maman.

– Je l'ai mise dans ma poche et elle a dû tomber », pleurnicha la petite fille. Babushka prit le clown dans son panier et le fit danser. L'enfant se mit à rire. « Prends-le », fit Babushka en lui tendant le jouet.

Babushka continua son chemin.
Elle rencontra bientôt une vieille dame
qui marchait doucement en gémissant.
« Que se passe-t-il ? demanda Babushka.
– Je veux voir le nouveau bébé, dit
la vieille dame, mais je ne peux pas
marcher vite car mes jambes me font
très mal.

– Prenez cette bouteille, proposa Babushka. Cela vous fera le plus grand bien. » La vieille dame but une grande gorgée du bon lait chaud et se mit à marcher aussitôt beaucoup plus vite, avec un grand sourire.

Au-delà du tournant, Babushka rencontra un gardien de mouton portant dans les bras un petit agneau. « Je ne vais pas pouvoir rejoindre les autres, dit-il, j'ai si froid aux bras que je ne peux porter cet agneau plus longtemps. Et c'est mon cadeau pour le bébé-roi. »
Babushka entoura les épaules du gardien avec sa couverture moelleuse.
« Prenez-la, dit-elle, cela vous gardera au chaud pendant votre voyage. »

Babushka continua son chemin. Son panier lui semblait maintenant aussi léger que l'air. Elle s'arrêta et regarda à l'intérieur. Il était vide ! « Tu es idiote, se dit-elle, tu as donné tous tes cadeaux ! »

Tristement, elle fit demi-tour. « Je ne peux vraiment pas aller voir le bébé sans cadeau », pensa-t-elle.

Juste à ce moment-là, une voix l'appela : « Babushka ! »
C'était Marie.
Babushka se retourna.
« Mais je n'ai pas de cadeau, dit-elle.
– Venez, s'il vous plaît », dit Marie en souriant.

Babushka entra et là, elle découvrit le bébé enveloppé dans sa couverture moelleuse et chaude. Le petit clown était posé à côté de lui dans la mangeoire. Joseph se réchauffait en buvant un verre de lait.

« Mais, j'ai donné tous ces cadeaux sur mon chemin! s'exclama Babushka.
– Tout ce que vous avez donné avec amour, vous l'avez aussi donné à mon bébé », expliqua Marie.

Babushka regarda autour d'elle.
« Oh ! Toutes ces toiles d'araignée !
Je vais tout nettoyer ! »
Alors le bébé ouvrit les bras et sourit.
Ses yeux étaient aussi profonds que la nuit ;
son sourire était tout amour.
Un étrange sentiment s'empara de
Babushka. Et elle oublia de tout nettoyer.
« Voudriez-vous le prendre dans vos bras ? »
proposa Marie. Et Babushka prit le bébé
dans ses bras.
Tous les animaux les entourèrent. Babushka
caressa le museau gris du vieil âne. Le bébé
s'endormit et Babushka sentit comme une
douce chaleur envahir son cœur.

« Paix », chantaient les anges dans le ciel.